Berlin lässt grüßen

MEIN BERLIN

MEIN BERLIN

Mit allen Sinnen die Stadt entdecken

Jiska de Waard

Jaron Verlag

„Die ganze Welt in Ehren! Aber Berlin ist ein heiterer, freier leichter und geselliger Ort, wo man leben kann, wie man will.“

Carl Friedrich Zelter, Komponist und gebürtiger Berliner, schrieb diese Zeilen im Jahr 1817 an seinen Freund Johann Wolfgang von Goethe.

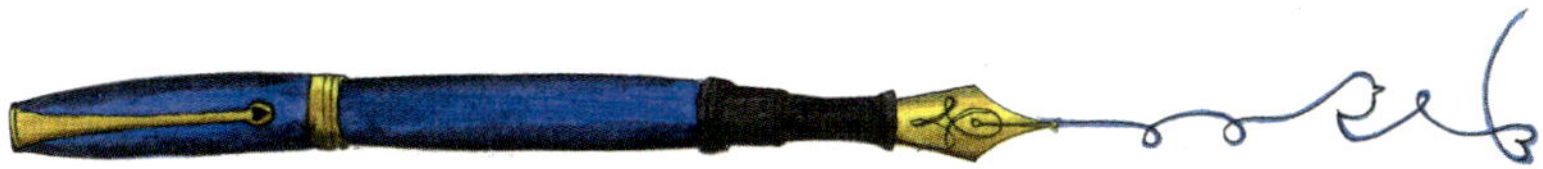

„Berlin ist gar keine Stadt, sondern Berlin gibt bloß den Ort dazu her, wo sich eine Menge Menschen, und zwar darunter viele Menschen von Geist, versammeln, denen der Ort ganz gleichgültig ist (...).“

Heinrich Heine 1826 in seinen Reisebildern.

Spandau
Reinickendorf
Pankow
Weissensee
Hohenschön hausen
Wedding
Prenzlauerberg
Moabit
Tiergarten
Mitte
Charlottenburg
Wilmersdorf
Schöneberg
Kreuzberg
Friedrichshain
Lichtenberg
Marzahn
Hellersdorf
Zehlendorf
Wannsee
Botanischer Garten
Tempelhof
Steglitz
Neukölln
Treptow
Köpenick
Potsdam

Inhalt

MEIN BERLIN

Liebe Leserin, lieber Leser,

als gebürtige Holländerin wohne ich seit 2012 in Berlin. Bereits bei meinem ersten Besuch in der deutschen Hauptstadt wusste ich, dass ich hierher zurückkommen würde. Noch nie hatte ich mich an einem Ort so wohlgefühlt, und ich wollte die Stadt unbedingt besser kennenlernen.
Als ich dann die Möglichkeit erhielt, meine Heimat zu verlassen, zögerte ich nicht lange und packte schleunigst meine Sachen. Zuerst einmal wollte ich mir einen Job suchen und danach schauen, was sich ergibt.
Da stand ich nun also. Mit meinen Koffern, einem Computer und meinem Fahrrad – wie es sich für eine Holländerin gehört!
Anfangs war ich gleichzeitig mit drei verschiedenen Jobs in der Gastronomie beschäftigt. Währenddessen

versuchte ich, so viel wie möglich von Berlin zu erkunden. Nicht nur als Tourist, sondern auch als Einwohner habe ich gelernt, die Stadt zu lieben. Diese Liebe möchte ich gern mit dir teilen!
Natürlich kommt man an manchen bekannten Highlights nicht vorbei, dennoch soll dies kein klassischer Reiseführer sein. Vielmehr möchte ich dir mit diesem Buch einen Einblick in meine ganz persönliche Sicht auf Berlin geben, mit all meinen Erfahrungen und Lieblingsorten. Da gutes Essen für mich eine wichtige Rolle spielt, werde ich manche meiner bevorzugten Lokale weiterempfehlen. Ebenso wirst du etwas über die besondere Geschichte dieser Stadt erfahren. Am Ende des Buches gibt es eine Übersicht über alle Adressen der Orte, die ich zuvor beschrieben habe.
Ich hoffe, du hast viel
Freude an diesem Buch, und
vielleicht erkennst du ja das
eine oder andere wieder ...

Jiska de Waard

Die öffentlichen Verkehrsmittel und der Hauptbahnhof

An den öffentlichen Verkehrsmitteln kommt in Berlin niemand vorbei. Ob Tourist oder Einwohner – U-Bahn, S-Bahn, Tram und Bus gehören zu unseren stetigen Begleitern und sind aus dem Berliner Alltag kaum noch wegzudenken.

Der geübte S-Bahn-Fahrer hat gelernt, eine gewisse Gelassenheit zu entwickeln. Dennoch trifft man nicht selten Fahrgäste an, die ihre Unzufriedenheit bezüglich der Unzuverlässigkeit der Fahrpläne lautstark zum Ausdruck bringen – bestes Unterhaltungsprogramm während der Wartezeit!

Jährlich nutzen mehr als 1300 Millionen Personen den Berliner Nahverkehr. Daher läuft man in den Bahnen einer großen Vielfalt an Menschen über den Weg: Ob den Bürohengst, die türkische Mutter, den Touristen oder den Nachtschwärmer – hier trifft man jeden. Die Straßenmusikanten sorgen oftmals für gute Laune, oder sie nerven. Obdachlose, die in den Bahnen unterwegs sind, versuchen in der Regel, Zeitungen zu verkaufen, wie zum Beispiel die „Motz" oder den „Straßenfeger". Für mich ist die Bahn eine Art ehrlicher Spiegel der Gesellschaft.

History Check

- 1902 wurde die erste U-Bahn-Linie eröffnet (zwischen Warschauer Brücke und Zoologischer Garten).
- Während des Zweiten Weltkriegs wurden die meisten U-Bahnhöfe wegen Einsturzgefahr geschlossen, einige wurden aber auch als Luftschutzbunker eingerichtet.
- In der DDR-Zeit passierten manche U-Bahn-Linien aus West-Berlin Haltestellen in Ost-Berlin. Dort hielten sie jedoch nicht – zahlreiche sogenannte Geisterbahnhöfe entstanden.
- West-Berlin zahlte viel Geld, um über das Ost-Berliner Gebiet fahren zu dürfen. Die einzige Möglichkeit, in die West-Berliner S-Bahn umzusteigen, gab es am Bahnhof Friedrichstraße.
- Der Zoologische Garten war der Hauptbahnhof des ehemaligen Westens und der Ostbahnhof der des Ostens. Nach der friedlichen Revolution wurden die beiden Bahnnetze zusammengefügt. Dabei ist aus dem damaligen Lehrter Bahnhof – aufgrund seiner Lage – der neue Berliner Hauptbahnhof geworden. Das heutige markante Bahnhofsgebäude wurde von dem Architekten Meinhard von Gerkan entworfen und 2006 in Betrieb genommen.

Berliner Unterwelten:
berliner-unterwelten.de
(Tour M: Mauerdurchbrüche)

Auf dem Ost-Berliner Stadtplan konnte man nicht sehen, wo die West-Berliner U-Bahnen fuhren. Dennoch gelang es einigen Ost-Berlinern, aus ihrer Heimat zu fliehen. West-Berliner Schaffner hielten unterwegs auf der Strecke an und ließen die Ost-Berliner, die beispielsweise zuvor durch einen Gully in den U-Bahn-Schacht geklettert waren, einsteigen. Anschließend durften die Schaffner diese Strecke nicht mehr befahren, da die Verhaftungsgefahr in der DDR zu groß war.

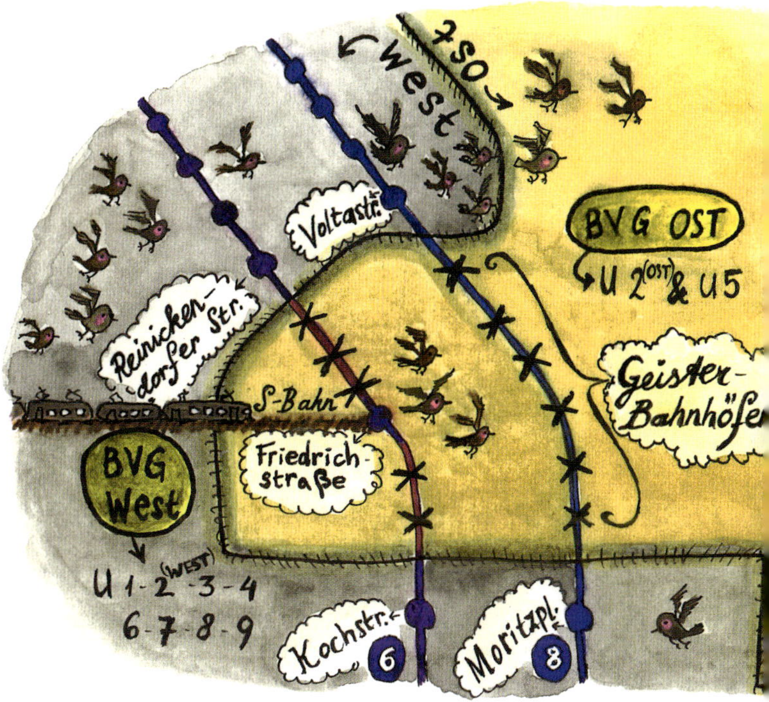

U
Stadtmitte
Mustafa's
Gemüse Kebap
Spätkauf 33
BÄCKEREI GÜL
Börek / Gözleme / Çay
Alte Spree Apoth
Bäckerei Gül
EIS
chocolat
vanille
erdbeer
haselnuss
pistazien
stracciatella
EIS 0,90
BARLETA
ROSSETTA
EIS

BERLI

Tegel

History Check

- Das Dorf Tegel wurde vermutlich um 1250 gegründet.
- Von 1361 bis 1558 gehörte das Dorf dem Nonnenkloster Spandau, danach wurde es von dem Amt Spandau übernommen.
- 1920 wurde Tegel Teil der Stadt Berlin.
- 1930 entstand der bekannte Flughafen Tegel, ab 1960 startete hier der zivile Flugverkehr.
- Während der Teilung der Stadt gehörte Tegel zu West-Berlin und zur Berliner Luftbrücke (siehe Kapitel „Tempelhof").
- Die internationalen Flüge nach West-Berlin landeten alle in Tegel.

Ansonsten kann ich nur empfehlen, einmal einen Ausflug mit einem Rundfahrtboot mitzumachen. Auf Deck bestellt man sich etwas Kaltes zum Trinken, cremt sich wegen der großen bösen Sonne ein, und das Genießen kann beginnen.

Für mich fühlt es sich in Tegel immer so an, als wäre ich ganz woanders. Wenn ich an der Greenwichpromenade entlanglaufe, bekomme ich direkt Urlaubsgefühle. Deswegen ist Tegel für mich der ideale Ort, um für eine kurze Zeit dem Chaos der Stadt zu entfliehen.
Im Sommer einfach den Bikini an und dann ab mit dem Fahrrad am Flughafensee vorbei. Oder mit der

Das Rundfahrtboot auf Seite 16 fährt tatsächlich auf dem Tegeler See.

U6 nach Alt-Tegel fahren und dort ein Ruderboot ausleihen. Vom Boot hat man einen viel besseren Ausblick als vom Ufer aus und kann direkt ins Wasser springen – herrlich!

Tegel bietet eine gute citynahe Alternative zu den vielen schönen Naturgebieten im Umland von Berlin.

Hax'nhaus: *Hier bekommt man schlichte, aber gut zubereitete deutsche Spezialitäten. Wenn man die gutbürgerliche, deftige Küche ausprobieren möchte, ist man hier am richtigen Ort – in Berlin-Mitte findet man dagegen vor allem touristische Restaurants.*

Aarju: *Wenn du Appetit auf indisches Essen hast, kann ich das Restaurant Aarju empfehlen. Schmeckt fast so gut wie in Indien!*

Wedding

History Check

- Wo sich heute der Ortsteil Wedding befindet, stand früher ein Dorf mit einer Mühle. Im 13. Jahrhundert verließen die Einwohner das Dorf, die Mühle war an das Benediktinerkloster in Spandau verkauft worden.
- Im 14. Jahrhundert bewirtschafteten die Berliner an diesem Ort ihre Äcker, danach überwucherte dieser jedoch und wurde zur „Berliner Stadtheide".
- Ab dem 17. Jahrhundert gehörte das Land dem Kurfürsten. Um 1780 wurde es weiter bebaut, und die Kolonie erhielt den

Namen Wedding.

- 1861 wurde Wedding Teil Berlins.
- Während der Teilung der Stadt gehörte Wedding zu West-Berlin.
- Seit den 1970er Jahren zogen viele Gastarbeiter nach Wedding, wodurch in dem Bezirk ein sehr multikulturelles Leben entstand.

Wenn man mit einer Gruppe von mehreren Leuten unterwegs ist, kann man z.B. Kubb (Wikingerschach) spielen. Die Holzblöcke lassen sich einfach gegen Bierflaschen austauschen.

Ich wohne seit Anfang 2014 in Wedding und fühle mich in der authentischen Atmosphäre dieses Bezirks, welcher noch nicht so sehr von Touristen überschwemmt worden ist, sehr wohl.
In der Legende des Plans auf der folgenden Seite sieht man ein paar meiner Lieblingscafés, -restaurants und -geschäfte.
Die Gastronomie in Wedding bietet alles: vom Döner über Baklava bis zum Biokaffee und Schnitzel. Sammelpunkte der Bars, Kneipen und Restaurants sind Nordufer/Torfstraße, Tegeler Straße/Sprengelstraße und Malplaquetstraße.

Parkanlagen

Ganz oben im Plan auf der nachfolgenden Seite sieht man eine Liste mit meinen Lieblingsparks der Stadt. Berlin ist mit 2500 Parkanlagen und einer Vielzahl an wunderschönen Baumalleen die grünste Metropole Europas. Jeden Sommer klebt die ganze Stadt voller Lindenhonig. In den vielen grünen Parks kann man relaxen, Sport treiben, grillen oder in einem Biergarten etwas trinken.
Mein perfekter Sommertag: Eine Decke, eine Wasserflasche und ein Buch einpacken, sich aufs Fahrrad schwingen, ein schönes Fleckchen suchen und genießen …

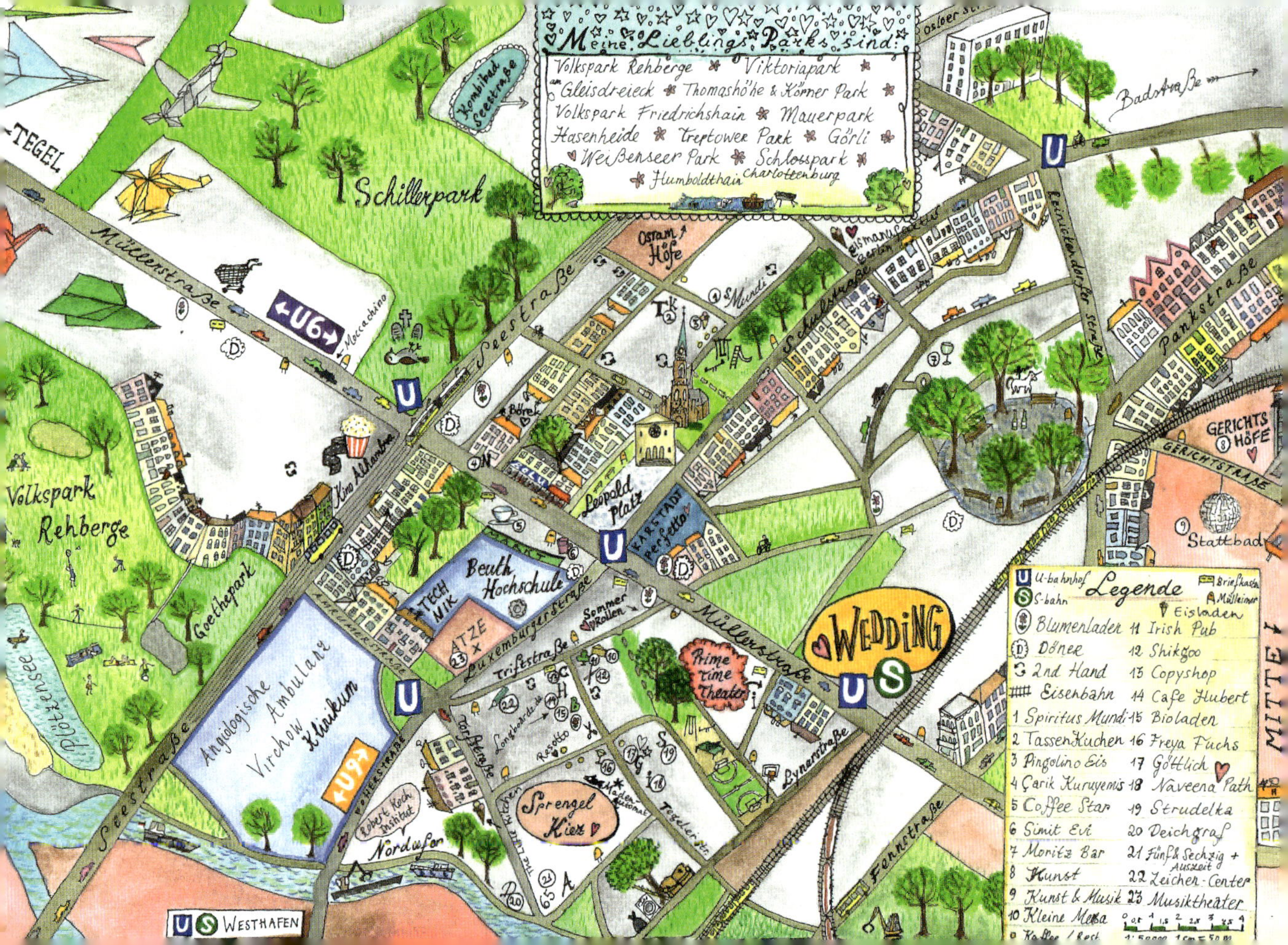

Meine Lieblings Parks sind:
Volkspark Rehberge
Viktoriapark
Gleisdreieck
Thomashöhe & Körner Park
Volkspark Friedrichshain
Mauerpark
Hasenheide
Treptower Park
Görli
Weißenseer Park
Schlosspark Charlottenburg
Humboldthain
Schillerpark
Kombibad Seestraße
TEGEL
Müllerstraße
U6
Seestraße
Osram Höfe
Badstraße
Schulstraße
Reinickendorfer Straße
Pankstraße
Volkspark Rehberge
Kino Alhambra
Leopold Platz
Karstadt
Beuth Hochschule
Technik
Atze
Luxemburger Straße
Triftstraße
Sommer Rollen
Prime time Theater
WEDDING
Gerichtshöfe
Gerichtstraße
Stattbad
Goethepark
Plötzensee
Amrumer Straße
Angiologische Ambulanz
Virchow Klinikum
U9
Föhrer Straße
Robert Koch Institut
Nordufer
Sprengel Kiez
Tegeler Str.
Lynarstraße
Fennstraße
Westhafen
MITTE
Legende
U-bahnhof
S-bahn
Briefkasten
Mülleimer
Eisladen
Blumenladen
Döner
2nd Hand
Eisenbahn
1 Spiritus Mundi
2 TassenKuchen
3 Pingolino Eis
4 Çarik Kuruyemis
5 Coffee Star
6 Simit Evi
7 Moritz Bar
8 Kunst
9 Kunst & Musik
10 Kleine Messa
11 Irish Pub
12 Shikgoo
13 Copyshop
14 Cafe Hubert
15 Bioladen
16 Freya Fuchs
17 Göttlich
18 Naveena Path
19 Strudelka
20 Deichgraf
21 Fünf & Sechzig + Auszeit
22 Zeichen-Center
23 Musiktheater

Viele der Parks sind nicht nur im Sommer attraktiv.

Tiergarten: Dies ist natürlich der König aller Parks, und deswegen werde ich ein paar Seiten weiter noch einmal auf ihn zurückkommen.

Volkspark Rehberge: Hier findet man mich oft, das ganze Jahr hindurch. Im Frühling kann man in diesem Park besonders schön sehen, wie die Natur wieder aufblüht. Im Sommer hat das große Freiluftkino geöffnet. Die Blätter an den Bäumen leuchten im Herbst in wunderschönen Farben, und im Winter kann man hier gut rodeln.

Coffee Star *und* Göttlich Essen & Trinken:
Hier gibt es den besten Kaffee in Wedding.
TassenKuchen *und* Cafe Kleine Mensa:
Schleckermäulchen finden hier die leckersten Cupcakes und Kuchen.
Auf ein gepflegtes Bierchen geht man in Wedding ins Eschenbräu *oder ins* Vagabund.
Shikgoo: *koreanisches Mini-Restaurant mit Tischgrill und tollen Suppen.*

Andere mögen den unter Gartendenkmalschutz stehenden **Schillerpark** lieber, weil es dort gute Wandermöglichkeiten gibt.

Der **Bürgerpark Pankow** ist auch eine Perle mit vielen versteckten Skulpturen. Im Juni und Juli ist er voller blühender Rosen. Egal, wie schön das Wetter ist: Der Park ist nie überfüllt.

Der **Volkspark Jungfernheide** bietet vieles für Jung und Alt – vom Schwimmen im Sommer bis zum Rodeln im Winter. Auch das

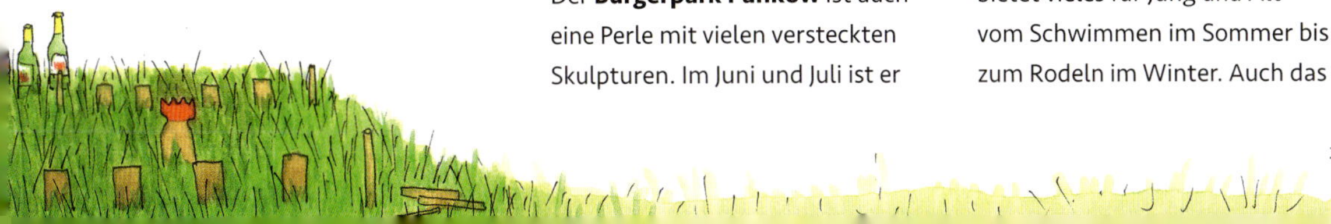

Gartentheater ist zu empfehlen. Außerdem haben hier viele Tiere ein Zuhause gefunden.

Mein neuester Favorit ist der **Preußenpark** in Wilmersdorf. Das liegt vor allem daran, dass sich der Park jedes Wochenende in eine asiatische Freiluftküche verwandelt.

Grunewald: ein Waldgebiet westlich von Berlin, in dem ungefähr 2,5 Millionen Bäume stehen. Hier leben Hirsche, Kaninchen und andere Waldtiere. Viele Berliner kommen gerne zum Picknicken, Wandern, Schwimmen oder Radfahren vorbei.
Im Grunewald gibt es auch den Teufelsberg: einen 115 Meter hohen Hügel aus den Trümmern des Zweiten Weltkriegs.
Im Winter kann man hier sogar Ski fahren.

Meine liebsten Märkte an der frischen Luft befinden sich am Leopoldplatz (Di und Fr) und in der Genter Straße (Mi und Sa) in Wedding. Außerdem empfehlenswert ist der türkische Markt am Maybachufer (Di und Fr) in Neukölln und der Markt am Winterfeldtplatz (Mi und Sa) in Schöneberg.

Bienen lieben Berlin: Es gibt hier **416.000** Bäume, davon sind **80.000** Linden. Die **3000** Bienenvölker leben wie im Paradies; sie werden betreut von **500** Imkern.
www.berlinerhonig.de

ESSPRESSO-
ESSPRESSO
EXPRESS
FR. LEOPOLDPLATZ
mobile kaffeebar
Ape
KAF
FEE

Von den Parks zu den Märkten

History Check

- Aufgrund der schnell wachsenden Bevölkerung im 19. Jahrhundert wurden 14 Markthallen in die Stadtplanung aufgenommen, um eine bessere Hygiene und Lebensmittelversorgung zu gewährleisten.
- 1867 wurde die erste Markthalle eröffnet: an der Friedrichstraße.

Manche dieser alten Gebäude haben heutzutage eine andere Funktion – vier Markthallen werden allerdings immer noch benutzt (Halle VI, IX, X und XI). Diese haben sechs Tage in der Woche geöffnet. Besonders in der Halle IX in Kreuzberg befindet sich ein sehr lebendiger Markt, auf dem jeden Donnerstag und Sonntag Streetfood angeboten wird.

Moabit

Brauchst du eine Massage?
Dann bist du in guten Händen
bei Janthra!

History Check

- Ab dem 13. Jahrhundert diente das Gebiet, in dem heute der Ortsteil Moabit liegt, als Viehweide. Die ersten Bewohner dieser Gegend waren die aus Frankreich geflüchteten Hugenotten, die vom preußischen König Friedrich Wilhelm I. hier angesiedelt wurden.
- Durch die Lage an der Spree gab es gute Transportmöglichkeiten für Kohle und Rohstoffe. Deshalb ließen sich während der Industrialisierung Anfang des 19. Jahrhunderts viele Fabriken in Moabit nieder.
- So entstand auch die Turbinenfabrik, die um 1909 in der Huttenstraße von der Firma AEG erbaut wurde. Sie gehörte zu den bekanntesten und wichtigsten Bauwerken der deutschen Industriearchitektur. Der Architekt Peter Behrens wurde bei seinen Planungen vom Jugendstil und der englischen Arts-and-Crafts-Bewegung inspiriert. Die Turbinenhalle zierte zum 750-jährigen Jubiläum der Stadt im Jahr 1987 eine Briefmarke. In dem Gebäude werden heute immer noch Turbinen hergestellt. Somit besitzt die Fabrik die gleiche Funktion wie früher – ziemlich einzigartig für ihr Alter!
- Ende des 19. Jahrhunderts entwickelte sich Moabit immer mehr zum Wohngebiet mit Mietskasernen. Es wies eine hohe Bevölkerungsdichte auf, die meisten Bewohner waren einfache Arbeiter.

MOABIT
esthafen
Siemens
ZK/U
BLUMEN Gaby Heimberg
BREMER
GEORGE R.
TIRRÉE
BIRKEN
Sugar
PERLEBE
Wiclef
BEUSSELSTRASSE
DEUTSCHE POST
Antjes
MARKTHALLE
Waldenserstr.
WALD
Emdener
OLDENBURGER
BREDOW
BUGENHAGEN
STROMSTRASSE
WILHELMSHAVENER
TXL 106 123 N26
TONIS
Turbinefabriek
Hutten M27 Str.
REWE
PAPER
MC GEIZ
BROT
PFAU
TAXI
BIO
TURMSTRASSE
PENNY
Re Sales
GALLERY
Curry wurst
TXL 101 123 M27
DM
AOK
187 123
ELFREDA
Nüssen
WAFFLY
Dress to impress
Zwingli
KIOSK
ALT-MOABIT
MAUERWERK
TXL 245
Taste
Maharadsch
PAMUK
YA-MAN
101 106
Fiaker
WALHALLA
ESSENER
Susetaschen
245
JAGOWSTR.
ELBERFELDER
EISBOX
Bochumer
KREFELDER
Bundesratufer
Mamsellchen
Buchkantine
PROBIERM
DORTMUNDER
JANTHRA
SPREE
GOTZKOWSKY
AUGUSTA-ALLEE

- Der Ortsteil befindet sich im Bezirk Mitte. Er grenzt an die Ortsteile Wedding, Mitte, Tiergarten und Charlottenburg und zählt mehrere wunderschöne Stellen an der Spree. Diese sowie drei Stadtkanäle machen Moabit zu einer künstlichen Insel, die durch 25 Brücken mit dem Rest der Stadt verbunden ist.

Autoliebhaber kommen in Moabit auch auf ihre Kosten. Neben vielen modernen Werkstätten ist zum Beispiel die Classic Remise – in einem restaurierten Straßenbahndepot gelegen – eine gute Adresse für Auto-Klassiker. Hier findet man eine tolle Auswahl an Oldtimern.

Für die etwas Älteren unter uns bedeutet das: Nostalgie ohne Ende. Für die etwas Jüngeren: einfach schön.

Der Ortsteil formt sich um die zwei Straßen Alt-Moabit und Turmstraße. Jede weitere Straße hat ihren eigenen Charakter: vom Halal-Mekka bis zum Öko-Paradies.

Ich habe hier etwas länger als ein Jahr gewohnt und habe die Gegend trotz aller pfeifenden Araber und Kinderwagen schiebenden Ökomuttis sehr lieb gewonnen.

Natürlich habe ich in der Zeit, in der ich hier lebte, alles, was es an Gastronomie gab, ausprobiert …

Tônis: *ein Vietnamese – für mich das beste Restaurant Berlins! Hier wird man mithilfe einer kleinen Karte mit den herrlichsten Geschmäckern Vietnams vertraut gemacht. Egal, was man auswählt, alles ist richtig lecker und immer genauso frisch. Eigentümer und Personal sind sehr herzlich, und auch wenn es voll ist (meistens mittags), sind sie stets freundlich. Das Lokal ist zwar nicht modern eingerichtet, aber so wird man wenigstens nicht vom guten Essen abgelenkt.*

Maharadsch: *leckeres indisches Essen.*

Ya-Man: *Hier wird man mit familiärer Gastfreundschaft und Essen aus der Karibik empfangen.*

Balikci Ergün: *immer frischer Fisch – wie bei Fischers Fritze –, sehr lecker zubereitet, kitschige Atmosphäre. Mehr braucht man nicht, oder?*

Probier Mahl: *für einen etwas schickeren Anlass geeignet. Hier*

kann man sich aus der großen Auswahl an kleinen Gerichten deutscher und internationaler Art seinen Teller selbst zusammenstellen. Bei den Hauptgerichten gibt es in der Regel ein paar Klassiker und ein paar „Fusion"-Überraschungen. Wichtig ist, immer ein Plätzchen für das fabelhafte Schokoladenmus freizuhalten!

Sugar: *eine Tapas- und Cocktailbar mit tollen jungen Eigentümern, die mit Liebe und Humor für ihre Gäste da sind. Die Auswahl an Tapas ist vielleicht nicht so groß, dafür ist das Lokal sehr gemütlich, geschmackvoll und künstlerisch eingerichtet.*

Mamsellchen: *Wegen der herzlichen Eigentümerin hole ich mir hier sehr gerne meinen Kaffee.*

Gute Alternativen: **Tirrée**, **Antjes Cafe natürlicher Lebensraum** *(Probier die Kuchen!) oder* **Fiaker** *(guter selbstgerösteter Kaffee nach Wiener Art).*

Buchkantine: *Hier kann man nicht nur etwas essen oder trinken, sondern nebenbei auch gute Bücher genießen. Jeden Sonntag versammelt man sich in der Buchkantine, um gemeinsam „Tatort" zu schauen.*

Eisbox: *tolle Geschmackskombinationen!*

Marcon: *traditionelles italienisches Eis.*

HERTHA BSC
HERTHA BSC
HERTHA BSC
S

HERTHA BSC
Since 1892
HERTHA
HERTHA BSC

Charlottenburg

History Check

- Im Jahr 1694 gab Sophie Charlotte von Hannover ihren Landsitz in Caputh zurück an ihren Gemahl Kurfürst Friedrich III. Als Ausgleich dafür erhielt sie am 30. Juni 1695 das Dorf Lützow, welches sich ca. 7 Kilometer außerhalb von Berlin befand.
- 1696 beauftragte sie Johann Arnold Nering mit dem Bau einer Sommerresidenz. 1699 waren das Kerngebäude und das Opernhaus fertig. Letzteres verlieh dem Schloss den Spitznamen Musenhof.
- Sophie Charlotte starb am 1. Februar 1705 im Alter von 36 Jahren. Seitdem trägt das Gebäude ihr zu Ehren den Namen Schloss Charlottenburg.
- Während ihr Sohn Friedrich Wilhelm I. an der Macht war, wurde das Schloss nur für repräsentative Zwecke genutzt. Erst unter König Friedrich II. – dem Alten Fritz – wurde es wieder bewohnt und weiter ausgebaut.
- 1709–12 wurden die Orangerie – mit über 500 Pflanzen – und die Kapelle hinzugefügt. Im Sommer wurden hier Feste gefeiert.
- Seit 1747 besteht das Gebäude in seiner heutigen Form. Es wurden nur noch Kleinigkeiten geändert.
- Im Jahr 1927 – nach dem Tod von Kaiser Friedrich III. – wurde das Schloss als Museum zur Besichtigung eröffnet.
- Nach starken Beschädigungen im Zweiten Weltkrieg ist das Gebäude, so gut es ging, restauriert worden.

Mein Lieblingszimmer im Schloss ist das **Porzellankabinett**.

Zwar verrät der Name schon, was dort zu sehen ist, aber nicht, wie überwältigend und absurd es tatsächlich gestaltet ist.

Man kann sich entweder im eigenen Tempo von einem Audioguide leiten lassen, oder – und das empfehle ich – man nimmt an einer traditionellen Führung teil. Das macht, wie ich finde, mehr Spaß, weil die Tour dadurch lebendiger wird.

Kleine Orangerie: *Wenn man etwas trinken möchte oder Lust auf ein Stück Kuchen hat, gibt es hier von beidem genug. Man kann sich natürlich auch ein schönes Plätzchen im Park suchen …*

Schnitzelei: *Schnitzel in allen Variationen – Tradition modern interpretiert. Darunter gibt es auch ein paar gute vegetarische Varianten. Von der Vorspeise zum Hauptgang, von der Beilage zum Dessert – alles ist von gleichermaßen guter Qualität. Vorab immer reservieren!*

Spree

Die Spree (Sorbisch: „Sprewja“) ist ein 400 Kilometer langer Fluss, der dem Lausitzer Gebirge entspringt und in Berlin in die Havel mündet. Ein weiteres Gewässer, das Berlin durchquert, ist der Landwehrkanal. Dieser ist 10,73 Kilometer lang, bis zu 22 Meter breit und 2 Meter tief. Der Kanal fließt durch die Ortsteile Kreuzberg, Neukölln, Tiergarten und Charlottenburg. Von Ost nach West hat das Wasser einen Höhenunterschied von 2 Meter, der mithilfe von Schleusen ausgeglichen wird.

Diese Gewässer bilden für mich die Adern Berlins: Überall, wo es die Möglichkeit gibt, ans Wasser zu gehen, sieht man Leute am Ufer sitzen – in den vielen Strandbars wie auf den Open-Air-Geländen.

Meine Lieblingsorte am Wasser sind:

- ***Insel der Jugend***: eine kleine Insel beim Treptower Park, wo man sich mitten in der Natur wiederfindet. Von hier aus kann man schöne Kanutouren unternehmen.
- Zwischen der ***Baerwaldbrücke*** und der ***Admiralbrücke***: Hier gibt es eine schöne Wiese, auf der viele Schwäne leben. Wenn man ungern im Gras sitzt, kann man es sich auch im Schiffrestaurant ***Van Loon*** gutgehen lassen.
- In Moabit am Südwestufer der Spree, südlich der ***Gotzkowskybrücke***: Dieser Platz bietet einen schönen Ausblick auf alte Fabrikgebäude.
- Im ***Schlossgarten*** von ***Charlottenburg***: Im Schatten der großen Bäume am Teich oder direkt an der Spree kann man wunderbar entspannen.
- Das ***Badeschiff***: ein Schwimmbecken in der Spree mit schönem Strand und toller Musik. Früh hingehen, denn sonst wird es zu voll! Im Sommer gibt es für die Frühaufsteher Yoga in der Morgensonne (Di und Do 9 Uhr).
- Ein paar Meter weiter befinden sich der ***Freischwimmer*** und der ***Club der Visionäre***: Hier ist es immer musikalisch gemütlich.
- Der ***Rampe Club*** bei der Michaelkirchbrücke mit juter Musik: Teschno, Haus, dit janze elektronische Jebimmsel.
- ***Sisyphos*** am Rummelsburger See: Hier kann man schön tanzen mit einem Bierchen in der Hand!

Berliner Feuerwehr
WC

Holocaust-Mahnmal

History Check

- Das Denkmal für die ermordeten Juden Europas ist ein Mahnmal für die unter dem NS-Regime im Holocaust ermordeten Juden. Es wurde von 2003 bis 2005 von Peter Eisenman entworfen. Das Mahnmal besteht aus 2711 Betonstelen in unterschiedlicher Größe. Die höchsten dieser Betonquader sind bis zu 4,7 Meter hoch, die Gänge zwischen den Blöcken sind überall 95 Zentimeter breit.
- Wenn man zwischen den Stelen durchläuft, fühlt man sich sehr eingeengt, man kann sich nicht verstecken. Manche Leute vergleichen die Blöcke mit Grabmälern, andere mit den Transportwaggons. Die graue Farbe soll an die Asche der verbrannten Körper erinnern. Jedem bleibt jedoch seine eigene Interpretation offen.
- Unter dem Denkmal ist ein Museum mit vier sehr

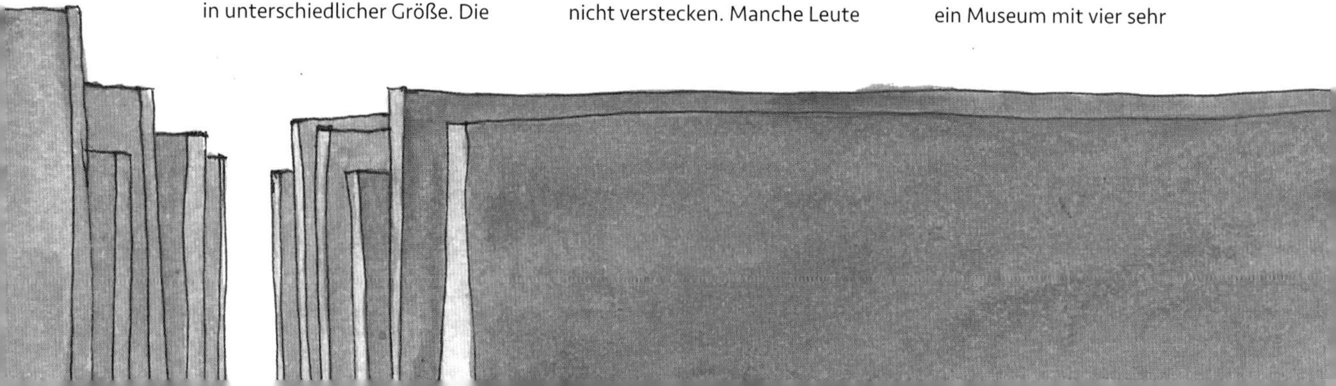

beeindruckenden Ausstellungsräumen eingerichtet. An Computerstationen kann man 4 Millionen Namen von jüdischen Holocaustopfern lesen. Es werden aber auch persönliche Schicksale erzählt.

Das Museum unter dem Holocaust-Mahnmal hat mich sehr beeindruckt. Hier bleibt es nicht länger eine abstrakte Zahl von 6 Millionen Menschen, die ermordet worden sind, sondern 6 Millionen Mal wurde eine Person getötet.

Jedes Mal, wenn ich hier vorbeikomme, fühle ich mich gezwungen anzuhalten.

- Von Anfang an ist viel Kritik an dem Projekt geübt worden – einerseits wegen der hohen finanziellen Ausgaben, andererseits weil das Mahnmal zwar den ermordeten Juden gewidmet ist, nicht aber den anderen Opfern wie den Sinti und Roma, Homosexuellen und „Euthanasie"-Opfern.
- Zeitweise wurde das Projekt stillgelegt, als bekannt wurde, dass das Unternehmen, welches für den Anti-Graffiti-Schutz der Stelen verantwortlich war, während des Zweiten Weltkriegs das Giftgas Zyklon B hergestellt hat. Da sich der Betrieb jedoch seit Kriegsende positiv weiterentwickelt hat, durfte er die Arbeiten an dem Denkmal fortsetzen.

Bundeskanzleramt
Bundestag
Haus der Kulturen der Welt
Tipi
Hansaviertel
Schloß Bellevue
Englischer Garten
Siegessäule
Sowjet Ehrenmal
Brandenburger
Holoca
Mahnm
Zoo
Café am Neuen
Philharmonie
Potsdamer Platz

Tiergarten

Das grüne Herz der Stadt

Amsterdam hat den Vondelpark, London den Hyde Park, New York den Central Park, und Berlin hat den Tiergarten.

History Check

- Mitte des 18. Jahrhunderts ließ Kurfürst Friedrich III. den Park als „Lustpark" für die Bevölkerung anlegen. Verschiedene Stile der Landschaftsarchitektur aus unterschiedlichen Epochen beeinflussten seither die Parkgestaltung.

Das Gaslaternen-Freilichtmuseum

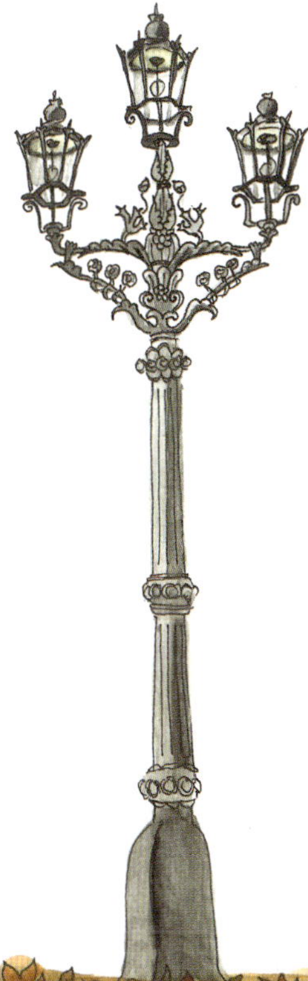

- Im Zweiten Weltkrieg ist der Tiergarten leider sehr stark beschädigt worden, in der Nachkriegszeit wurde er durch Brennholz suchende Berliner beinahe kahl geschlagen. 1949 begann mithilfe von „Baum-Spenden“ aus ganz Deutschland und sogar Japan die Wiederaufforstung. Nach dem Mauerbau wurde er zu einem der wichtigsten Erholungsgebiete der West-Berliner.
- Der Tiergarten bleibt ein Ort der Geschichte – das kann man aufgrund der zahlreichen Mahnmale und Statuen im Park immer noch deutlich spüren. Dennoch ist er heute eher ein Ort, an dem man seine Freizeit genießt. Zudem befinden sich die wichtigsten Sehenswürdigkeiten der Stadt vor der Tür: das Brandenburger Tor, die Siegessäule, der Potsdamer Platz und das Regierungsviertel.

Neben den Touristen, Fotografen, FKKlern und anderen Tagesbesuchern hat sich auch ein Teil der vielen Wildtiere Berlins einen schönen Platz im Park gesucht. Am häufigsten laufen einem Füchse und Kaninchen über den Weg.

Mein persönliches Highlight im Tiergarten sind die vielen alten Gaslaternen. Über die Hälfte der weltweiten Anzahl der Straßenlaternen befindet sich in Berlin. Die ersten Gaslaternen in Berlin leuchteten bereits im Jahr 1826 Unter den Linden. Seitdem haben sie in dieser Stadt alle guten und schlechten Zeiten miterlebt.

Café am Neuen See: *befindet sich an der Südseite des Tiergartens. Hier kann man nicht nur etwas trinken, sondern man kann sich auch ein Ruderboot ausleihen. Abends findet in dem Café oft Livemusik statt.*

Monkey Bar: *Hoch oben kann man mit guten Cocktails die tolle Aussicht über den Zoologischen Garten genießen.*

Gestalten Pavilion: *Hat man Höhenangst oder anstatt auf Cocktails eher Lust auf einen Kaffee, bietet diese Bar ein paar Etagen tiefer im Bikini Berlin eine gute Alternative.*

HAP

YEAR!
Straße des 17. Juni

Schöneberg

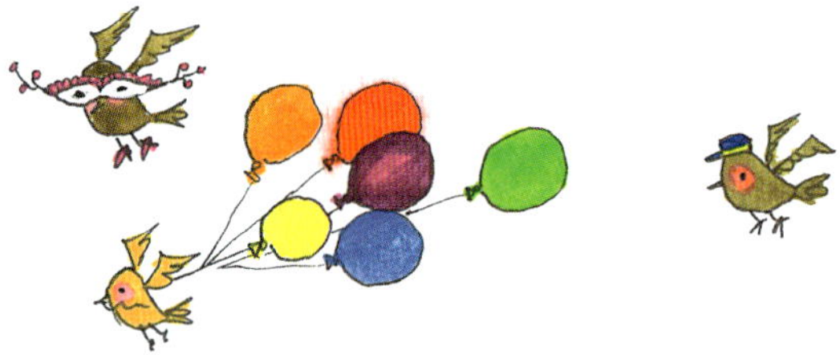

History Check

- Das damalige Straßendorf Schöneberg entstand um 1200 und besitzt seit dem 1. April 1898 Stadtrechte. Im Jahr 1920 bildete die Stadt zusammen mit Friedenau den Berliner Bezirk Schöneberg. Aus diesem entstand schließlich 2001 der heutige neu formierte Bezirk Tempelhof-Schöneberg.
- Während der Teilung Berlins war das Rathaus Schöneberg Sitz der West-Berliner Regierung und gehörte zum amerikanischen Sektor. Auf dem Rathausplatz sprach US-Präsident John F. Kennedy die weltberühmten Worte „Ich bin ein Berliner".

Einige Highlights von Schöneberg:

- ***Ceciliengärten***: Wohnkomplex im Art déco.
- ***Kaufhaus des Westens*** (KaDeWe): berühmtes Kaufhaus, das die Konsumgesellschaft symbolisiert.
- ***Homo-Szene***: zu finden vor allem um den Nollendorfplatz herum und in der Motzstraße. Hier gibt es viele tolle Ausgehmöglichkeiten.
- Jedes Jahr an einem Sommerwochenende findet in Schöneberg das ***Lesbisch-schwule Stadtfest*** statt.
- In der Goltzstraße und in der

Akazienstraße gibt es viele tolle ***individuelle Geschäfte*** und ***Cafés***, genauso wie am Viktoria-Luise-Platz.

- Mittwochs und samstags kann man den größten und bekanntesten Wochenmarkt auf dem Winterfeldtplatz besuchen – den ***Winterfeldtmarkt***. Dies ist einer meiner Lieblingsmärkte, weil hier allerhand hochwertige Produkte angeboten werden:

schöne Blumen, Räucherfisch, gutes türkisches Essen, leckerer Käse sowie selbstgemachte Textilprodukte.

U

Bilderbuch: *Hier kann man den ganzen Tag gemütlich frühstücken und zwischendurch ein Brettspiel spielen. Am Wochenende unbedingt reservieren!*

Winterfeldt Schokoladen: *super süßer Laden mit den leckersten Schokoladensorten aus aller Welt.*

Slumberland: *gemütliche, lässige Bar mit Kickertisch.*

Bar Voyage: mein Lieblingscafé in der Nollendorfstraße – wegen den tollen Gastwirten!

Green Door: Falls dir nach einem luxuriösen Cocktail ist, bist du hier richtig!

Dolores: *In der Nähe des KaDeWe gibt es zwar viele Restaurants, aber ich stelle mir lieber einen Burrito bei Dolores zusammen: immer frisch und gut gefüllt. Egal, was man wählt – Hauptsache, Guacamole ist mit drauf!*

Tempelhof

History Check

- Der Ortsteil Tempelhof befindet sich im Nordosten des Bezirks Tempelhof-Schöneberg.
- Im Jahr 1909 begann die Geschichte der Luftfahrt auf dem Tempelhofer Feld: Zuerst schwebte Graf Ferdinand von Zeppelin mit seinem Luftschiff LZ 6 in die Reichshauptstadt ein, anschließend startete der amerikanische Flugpionier Orville Wright mit seinem Doppeldecker-Motorflugzeug zu mehrtägigen Flugversuchen auf dem Tempelhofer Feld.
- Bereits 1923 wurde der Flughafen Tempelhof angelegt. Der Komplex, welcher heute noch steht, stammt allerdings aus der Zeit des Nationalsozialismus. Er ist eines der größten Gebäude Europas.
- Als am 20. Juni 1948 von den Westalliierten ohne Absprache mit der Sowjetunion die fast wertlose Reichsmark durch die D-Mark ersetzt worden ist, unterbrach die Sowjetunion als Reaktion auf diese Währungsreform alle Land- und Wasserverbindungen der Westalliierten. Somit war die Versorgung West-Berlins nur noch über Luftwege möglich.
- Tempelhof spielte während der Blockade West-Berlins – ähnlich wie der Flughafen Tegel – eine wichtige Rolle: Er diente dem Transport von Verpflegung und Gütern per Flugzeug. Die sogenannten Rosinenbomber landeten manchmal sogar alle 26 Sekunden, um die „Insel“ West-Berlin mit Kohle, Medizin, Lebensmitteln und weiteren wichtigen Materialien zu beliefern.

Tipp:
Die Foto-Tour
im Flughafengebäude,
während der man
alle Zeit hat
einzigartige
Fotos zu
schießen
WELT
BERLIN-TEMPELHOF
GRILLPLATZ

- Die Blockade West-Berlins dauerte von Juni 1948 bis Mai 1949.
- Auf dem Platz der Luftbrücke erinnert seit 1951 ein Denkmal – die sogenannte Hungerkralle – an die Versorgungsflüge sowie an die Menschen, die während der Blockade starben.
- Geschlossen wurde der Flughafen im Jahr 2008. Seit Mai 2010 wird das Flugfeld als Stadtpark genutzt. 2014 wurde in einem Referendum von der Bevölkerung entschieden, dass die gigantische frei stehende Fläche weiterhin als Erholungsgebiet genutzt werden soll.

Ich komme vor allem im Sommer gerne zum Tempelhofer Feld, weil man hier eine schöne Kombination aus Kultur, Sport und Natur findet. Anfangs wusste ich noch nicht genau, wie diese Dinge zusammenpassen könnten. Eines Tages wurde ich plötzlich von einem Kiteboarder überholt, danach entdeckte ich am Ende des Feldes ein Open-Air-Konzert, und während ein Stückchen weiter mehrere Leute grillten, pflegten andere nebenan ihren Kleingarten oder ließen ihre Drachen fliegen – da verstand ich es.

Das Gebäude des alten Flughafens kann immer noch besichtigt werden – zum Beispiel bei verschiedenen interessanten Führungen. Nebenbei wird der Bau oft für große Veranstaltungen und Konzerte genutzt – insgesamt also ein sehr besonderer Ort.

Nazuna: *japanische Chocolaterie – ganz tolle Schokolade und Torten.*

Neukölln

History Check

- Neukölln wurde um 1200 von Tempelrittern gegründet. Noch bis 1912 trug das Dorf den Namen Rixdorf, 1920 wurde es schließlich zu Groß-Berlin hinzugefügt. Zusammen mit den Dörfern Britz, Rudow und Buckow formte es den Bezirk Neukölln.
- 2001 wurden die Berliner Bezirke umstrukturiert. Da Neukölln aber bereits über 200 000 Einwohner zählte, entschied man sich dagegen, den Bezirk mit anderen zusammenzulegen.

Als ich nach Berlin kam, wohnte ich zunächst in Neukölln. Seitdem habe ich für diesen Bezirk eine Schwäche – so wie für die erste Liebe. Egal, wie lange ich nicht mehr dort gewesen bin: Jedes Mal, wenn ich wiederkomme, fühle ich mich sofort wie zu Hause.

Neukölln ist ein Bezirk, in dem man alles Seite an Seite findet: Hipster-WG neben alt-Berliner Kneipe, türkische Supermärkte neben Designerateliers. Genau das macht für mich diese besondere Atmosphäre aus!

Neukölln ist mittlerweile zu einem der beliebtesten Bezirke Berlins herangewachsen. Vor allem der Reuterkiez nordöstlich des Hermannplatzes, auch bekannt als Kreuzkölln, zieht viele junge Leute an.

Viel Gastronomie hat sich in und um die Weserstraße angesiedelt. Auch in der Sonnenallee gibt es ein paar tolle Cafés wie die Kindl Stuben. *Außerdem lohnt sich der Weg in den Clubgarten* Griessmühle.

Ungeheuer *oder* **Prachtsaal:**
geiles Frühstück.

Lava *oder* **Salsa da Mangiare:**
Mittag- und Abendessen.

Bruchberg *oder* **Fuchs & Elster:**
für einen Drink.

Klunkerkranich: *Dachterrasse mit Garten und toller Musik.*

Secondhand

Berlin hat eine eigene Art von Mode entwickelt. Dabei handelt es sich um Kleidungsstücke aus oftmals ganz verschiedenen Stilrichtungen.
Nicht nur Hipster, sondern auch Leute mit kleinerem Budget genießen die große Vielfalt an Secondhandläden.
Auch Möbel und andere Gebrauchsgegenstände bekommen oft ein verlängertes Leben in den Händen ihrer neuen Eigentümer.
Was aus der Not heraus entstanden war, ist heute ein wahrer Trend geworden. Natürlich nutzen die Händler diesen Umstand aus, aber zum Glück gibt es immer wieder neue kreative Ideen.

Lavanderia Vecchia:

mein Lieblingsrestaurant in Neukölln (Flughafenstraße 46, 12053 Berlin)

Kaffi
BLUM
2nd Hand
BE THE REASON SOMEONE SMILES TODAY
89

Bergmannkiez

In der Bergmannstraße bekomme ich ebenfalls schnell ein Urlaubsfeeling. Das liegt vor allem an den vielen schönen Blumendekorationen, welche die meisten Restaurants schmücken.
Auch die Querstraßen sind es wert, besucht zu werden – mit all ihren einzigartigen Läden und Restaurants.

Unweit des Bergmannkiezes befindet sich der Viktoriapark. Dort spielt oft jemand Gitarre, und man hat einen tollen Ausblick von dem Berg – der perfekte Platz zur Erholung.

Meine Lieblingsadressen im Kiez sind:
Kunst & Käse: Ziegenkäsemanufaktur mit Kunstausstellung.
Rafinesse & Tristesse: Laden für nachhaltiges Design.
Marheineke Markthalle: ganz viel Essen.

Barkett: *Auf den restaurierten Parkettfragmenten finden heute musikalische und kulturelle Abendveranstaltungen statt. Das ehemalige Parkettlager zeigt, dass vegane Speisen auch richtig lecker sein können.*

Café Strauss: *Einmal im Monat finden in dem Café auf dem Friedhof Ausstellungen, Konzerte oder Lesungen statt. Aber auch so ist es ganz gemütlich.*

Wenn es regnet, kann man sich in einem der Yorck Kinos verkriechen oder aber bei Paint your Style selber Keramik bemalen. Mit Kindern ist auch das Technikmuseum sehr empfehlenswert.

Kreuzberg

History Check

- Kreuzberg ist ein Ortsteil im Bezirk Friedrichshain-Kreuzberg, der bereits im 18. Jahrhundert zum Stadtgebiet Berlins hinzugefügt worden ist. Seinen Namen verdankt er dem Berg im Viktoriapark.
- Es ist zweifelsohne einer der lebendigsten Orte Berlins. Während der Teilung war der östliche Bereich (SO 36) von drei Seiten eingemauert. Dadurch entstand hier eine einzigartige Kultur, und es entwickelte sich

ein ganz eigener Lebensstil.

- Heutzutage ist Kreuzberg sehr beliebt, weshalb die Mieten für Wohnungen unglaublich gestiegen sind. Vor allem in den Hinterhöfen der alten Mietskasernen leben daher viele junge Leute eng zusammen. Die ursprünglichen Bewohner werden durch die hohen Mietpreise oft gezwungen, das Viertel zu verlassen.

Mit den ehemaligen Bewohnern verschwindet leider auch ein Teil der ***Identität*** des Ortes. Es fehlen die Leute, die beispielsweise lange gegen große internationale Konzerne gekämpft haben. Aus diesem Grund findet man kaum typische multinationale Schnellimbissrestaurants. Es wird viel mehr Wert darauf gelegt, lokale Unternehmen zu unterstützen.

In Kreuzberg ist immer viel los. Zum Beispiel gibt es am ***1. Mai*** ein großes Straßenfest. Dann hört man von überall her Bässe wummern, und es gibt Essen und Trinken an fast jeder Ecke.
Ab 1987 kam es aber auch zu Tumulten und Krawallen mit der Polizei. Seitdem geht man an diesem Tag zum „Steine werfen" nach Kreuzberg.

Auch während des ***Karnevals der Kulturen*** verwandeln sich die Straßen Kreuzbergs in ein großes Meer aus Menschen.

Hol dir ein Picknickkörbchen!
Zum Beispiel bei Lina Rothenberger oder Proviant:
www.rothenbergerfeinkost.de
www.proviant-berlin.de.

Wenn man an so einem Tag mit Freunden unterwegs ist, finde ich es immer toll, eine Art Andenken zu haben. Dafür sind die ***Fotoautomaten***, die überall in der ganzen Stadt verteilt sind, perfekt. Einfach kurz reinhopsen und sofort hat man eine super Erinnerung – mal was anderes als ein digitales Selfie!

Auch der ***Graefekiez***, am Rande von Neukölln, ist ein sehr gemütliches Viertel von Kreuzberg und eignet sich perfekt zum Herumschlendern. Hier gibt es gute Geschäfte für Secondhandmöbel und schöne Plätze am Wasser.

Nach einem langen Tag in der Stadt kann man sich schön im ***Freiluftkino*** ausruhen. Hier werden oft Kultfilme gezeigt, aber auch die neuesten Hollywood-Hits. Da ich ungern synchronisierte Filme sehe, versuche ich immer, mir deutsche Filme in der Originalfassung auszusuchen.

Weitere gute Freiluftkinos sind:
Nomadenkino Open Air, Freiluftkino Rehberge, Freiluftkino Friedrichshain, Freiluftkino Hasenheide, Freiluftkino Pompeji am Ostkreuz, Freiluftkino Insel im Cassiopeia, Freilichtbühne Weißensee, Sommerkino Kulturforum Potsdamer Platz.

Café Eliza: *Dieses Kiezwohnzimmer mit kleinem Laden ist nostalgisch, detailverliebt und charmant!*

Teeladen Kreuzberg: Hier kommt dir eine Vielfalt an herrlichen Aromen entgegen. Die Inhaberin berät dich bis ins kleinste Detail, und du erhältst die Möglichkeit, den Tee zu probieren (natürlich begleitet von einem Stück hausgemachten Kuchen).

Kadó: das älteste Lakritzfachgeschäft in Deutschland. Der Duft verzaubert schon beim Betreten des Ladens. Genau das, was eine Holländerin - so weit weg von ihrem Zuhause - braucht.

am liebsten sitze ich aber im Sommer draußen am Sandstrand an der Spree – mit Leckereien vom Grill, Cocktail in der Hand und DJ im Hintergrund.

Santa Maria: *mein Lieblingsrestaurant in der Oranienstraße! Dafür gibt es drei Hauptgründe: gute Bedienung, gute Guacamole und gute Margaritas! Für einen Drink danach geht es dann weiter ins* ***Luzia****. Wenn mir nach Shisha ist, schaue ich im* ***Akrabar*** *vorbei, wegen der tollen Lounge oben. Und wenn ich richtig gut gelaunt bin, schnappe ich mir eine Freundin und bestelle mit ihr im* ***Roses****, zwischen den Plüschwänden sitzend, eine Flasche Prosecco.*

Kaffee A.Horn: *Egal ob für Kaffee, Mittagstisch, Abendbrot oder Cocktail – das A.Horn ist immer einen Besuch wert. Eine kleine Auszeit vom stressigen Alltag.*

Schönes Café: *familiäres, kleines Café mit richtig guten Kuchensorten, oftmals auch mit einer laktosefreien Variante.*

Sage Restaurant: *Drinnen überzeugt ein tolles Designer-Ambiente,*

O2 World

Oberbaumbrücke

- Berlin ist eine Brückenstadt und hat tatsächlich mehr Brücken als Venedig.
- Die älteste Brücke wurde mit der Gründung der Doppelstadt Berlin-Cölln, Anfang des 13. Jahrhunderts, gebaut. Sie entstand dort, wo sich jetzt der Mühlendamm in Mitte befindet.
- Aufgrund der weitreichenden Geschichte sind durchaus ein paar Perlen unter den Brücken dabei.
- Die älteste noch erhalten gebliebene Brücke ist die 1798 erbaute Jungfernbrücke am Kupfergraben in Mitte.
- Eine der schönsten und bekanntesten Brücken in Berlin jedoch ist die Oberbaumbrücke. Sie ist bei vielen Bewohnern und Besuchern sehr beliebt. Mit 154 Meter ist sie zudem die längste Brücke der Stadt. Im Krieg wurde die Brücke schwer beschädigt. Während der Teilung fungierte sie als ein wichtiger Grenzübergang. Als besonderes Merkmal erhielt die Oberbaumbrücke bereits beim Bau eine zweite Ebene, auf der die U1 entlangfährt. Heutzutage steht die Brücke als Symbol für die Verbindung zwischen Kreuzberg und Friedrichshain. Die Zusammenführung 2001 zum Bezirk Friedrichshain-Kreuzberg wurde von beiden Parteien als negativ empfunden, weil beide Angst

Wenn man während der „Gemüseschlacht" in der Stadt ist, sollte man auf jeden Fall vorbeigehen. Das Event findet immer im Sommer statt, das Datum variiert von Jahr zu Jahr.

hatten, die eigene Identität zu verlieren.

- Dies wurde zum Anlass für eine spontane Wasserschlacht zwischen den beiden Ortsteilen genommen – mitten auf der Brücke. Diese Aktion wird jedes Jahr wiederholt. Mittlerweile ist sie allerdings zu einer wahren Gemüseschlacht um die Vorherrschaft im gemeinsamen Bezirk ausgeartet.
- Das ganze Jahr über kann man viel auf der Oberbaumbrücke erleben: Feste, Straßenmusikanten, Street-Art sowie einen tollen Ausblick auf mehrere Sehenswürdigkeiten der Stadt.

Meine liebste Straßenmusikerin ist Alice Phoebe Lou. Auf Facebook erfährst du, wann sie an welchen Orten spielt.

Andere schöne Brücken:

- Die ***Schlossbrücke*** in Mitte: vom Festland zur Spreeinsel. Sie wurde 1821–24 erbaut und steht heute unter Denkmalschutz. Die Brücke ist aufwendig verziert, und sie trägt einige Statuen – am schönsten finde ich den Engel.
- Die ***Moltkebrücke*** im Tiergarten, zwischen Kanzleramt und Hauptbahnhof: Auch sie schmücken besondere Skulpturen.
- Die ***Charlottenburger Brücke*** am Salzufer: Hier findet man kunstvolle Statuen des Stadtgründers Friedrich I. sowie Sophie Charlottes.
- Die ***Warschauer Brücke***: Diese Brücke verläuft über den Gleisen. Wenn man auf sie zuläuft, schallt einem meistens schon laute Musik entgegen.

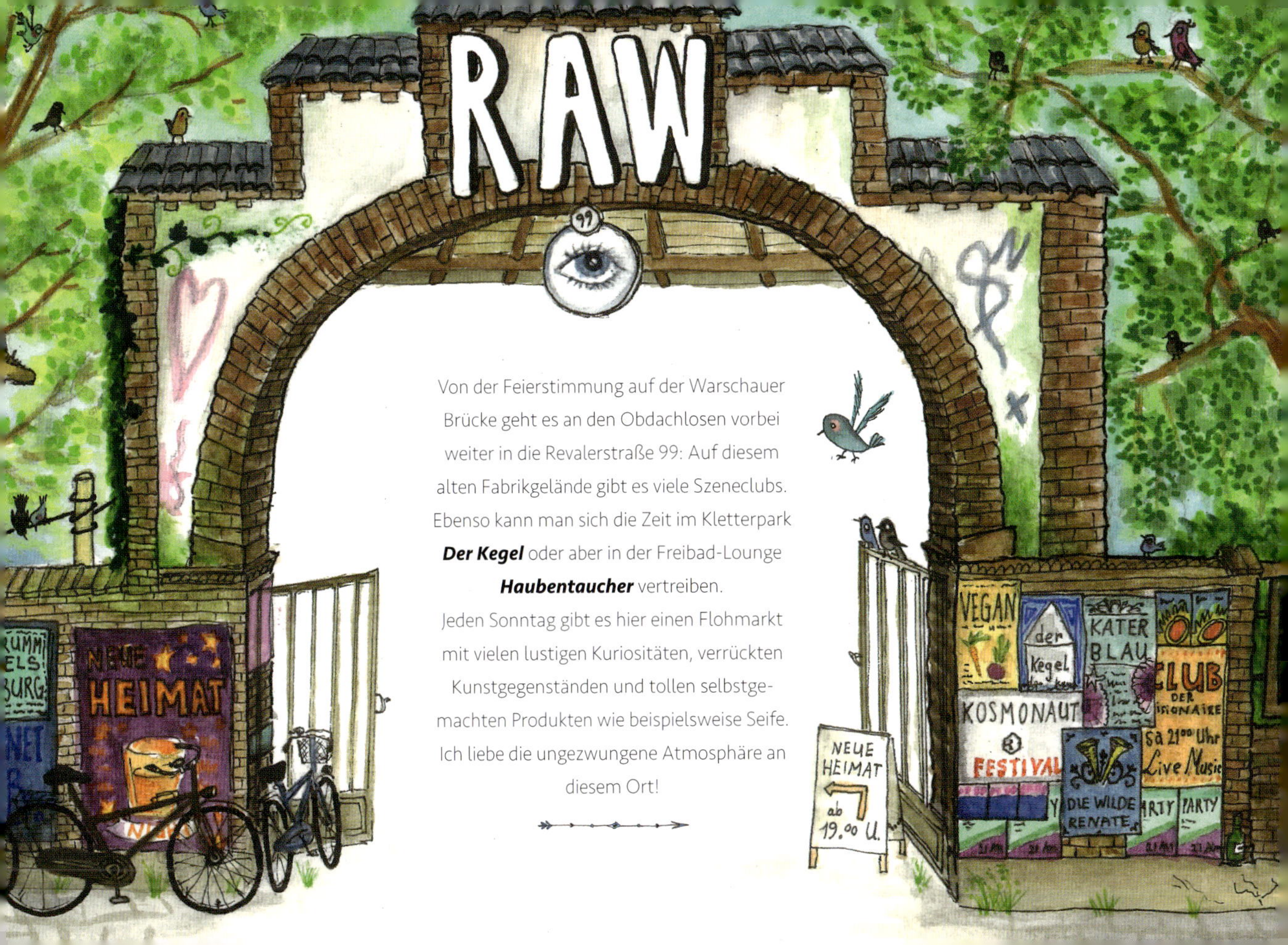

Von der Feierstimmung auf der Warschauer Brücke geht es an den Obdachlosen vorbei weiter in die Revalerstraße 99: Auf diesem alten Fabrikgelände gibt es viele Szeneclubs. Ebenso kann man sich die Zeit im Kletterpark ***Der Kegel*** oder aber in der Freibad-Lounge ***Haubentaucher*** vertreiben.

Jeden Sonntag gibt es hier einen Flohmarkt mit vielen lustigen Kuriositäten, verrückten Kunstgegenständen und tollen selbstgemachten Produkten wie beispielsweise Seife. Ich liebe die ungezwungene Atmosphäre an diesem Ort!

RAW Gelände

Das RAW-Gelände ist ein gutes Beispiel für leerstehende Gebäude, denen neues Leben eingehaucht wurde. In der Stadt findet man eine Vielzahl solcher Bauten und Fabrikgelände, die umfunktioniert wurden oder zurzeit ungenutzt sind.

Meistens kommt man ohne Probleme in diese Gebäude hinein. Die Wände sind manchmal durch Graffiti-Künstler verschönert worden. Es besteht allerdings auch die Möglichkeit, dass man ein kommunistisches Wandgemälde aus der DDR-Zeit entdeckt.

Auf Geländen wie diesem werden oftmals illegale Technopartys veranstaltet. Ebenso werden sie für völlig andere Zwecke verwendet – wie zum Beispiel für Polizeihundetraining.

Zu den sogenannten Lost Places gehört auch das historische Olympische Dorf von 1936 in Elstal, welches in großem Kontrast zu dem belebten RAW-Gelände steht. Hier kann man selbst auf Erkundungstour gehen oder bei einer Führung die besonderen Gebäude von innen besichtigen, zum Beispiel die mittlerweile marode und einsturzgefährdete Schwimmhalle.

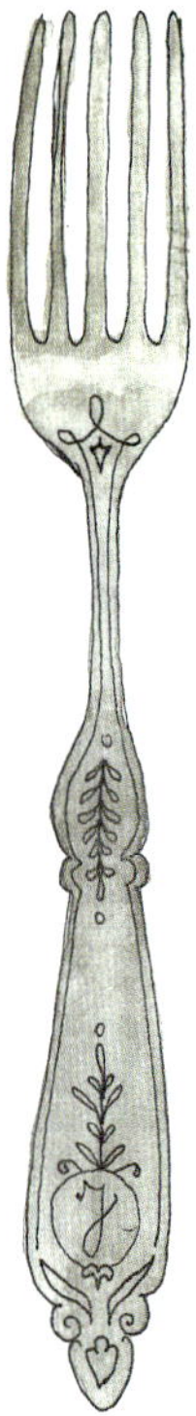

Streetfood

Da ich, was das Essen angeht, sehr verwöhnt und stets auf der Suche nach neuen Variationen bin, besuche ich so gern Berlins kulinarische Märkte. Hier findet man alle möglichen kulturellen Besonderheiten: von bayerischen bis koreanischen, über mexikanische und schottische zu typischen Berliner Spezialitäten. Das Spektrum reicht dabei von vegan bis zum Spanferkel.

Eines steht jedoch fest: Alle Speisen haben eine sehr gute Qualität und werden aus frischen Produkten hergestellt.

Das Essen wird von enthusiastischen jungen Leuten mit einem Gespür für Geschmackskombinationen und Interesse an der Herkunft der Produkte präsentiert.

Aber auch auf den herkömmlichen Wochenmärkten findet man köstliches Essen: meist deutsches oder türkisches, gelegentlich afrikanisches oder asiatisches. Vor allem auf den Märkten am Maybachufer, Winterfeldtplatz und im Mauerpark gibt es empfehlenswerte Stände.

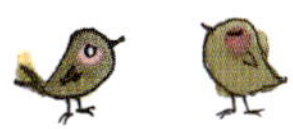

Kulturbrauerei: *So 12–18 Uhr, www.streetfoodaufachse.de.*

Markthalle Neun: *Do 17–22 Uhr, Breakfast Market: jeden 3. So im Monat 10–17 Uhr.*

Bite Club: *jeden 3. Fr 18–22 Uhr.*

Preußenpark in Wilmersdorf: *am Wochenende.*

Mmaah am Columbiadamm: *Di–Fr 12–22 Uhr, Sa–So 14–22 Uhr.*

Ban Ban Kitchen: *Mo, Di, Do, Fr 17–22 Uhr, Sa–So 13–22 Uhr.*

Friedrichshain

Geht man vom RAW-Gelände aus etwas weiter in den Kiez hinein, landet man schnell in einem gemütlichen Menschengewühl am Ostkreuz oder Boxhagener Platz. Der Flohmarkt dort ist längst zum Klassiker geworden.

In dieser Ecke haben viele Kreative und Tattoo-Künstler ihre Ateliers eingerichtet. Viele kleine spannende Läden, in denen es ständig etwas zu entdecken gibt, runden das Straßenbild ab.

Melt Caramel: *mein Lieblingscafé in Friedrichshain. Die Galettes, Schokotorten und Makronen schmecken einfach nach mehr.*

Café Casero: *wenn es Zeit für einen Kaffee wird.*

Cupcake Berlin: *Der Name erklärt alles.*

Louise Chérie Café: *Frankreichs Bestes.*

Fischschuppen: *Wo kriegt man heutzutage noch ordentliche Fish and Chips? Oder Calamares? Hier!*

Die Turnhalle: *Restaurant in einer alten Sporthalle. Gut geeignet für größere Gruppen.*

Snackbar De Molen: *Wenn ich mal einen schwachen Moment habe, gehe ich zu dem holländischen Imbiss und bestelle dort „Kroket".*

Schiller Burger: *Ein guter Burger kann nie schaden.*

Süß war gestern: *ziemlich hippe Bar, stylisch eingerichtet. Wer auf Wohnungssuche ist, findet vielleicht beim „Roommate Speed Dating" sein Glück.*

Yoyo Foodworld: *alles 100 Prozent vegan.*

S-Bahn-Bögen

- 1874 begann man mit dem Bau eines Gleises nach der Idee des Architekten August Orth. Bis 1882 entstanden 731 gemauerte Gewölbe mit zwei Gleispaaren: Eins für den Stadtverkehr und eins für regionale Verbindungen.
- Heute sind noch 600 dieser Bögen erhalten. Sie führen mit einer Länge von 12 Kilometern durch die Ortsteile Friedrichshain, Mitte, Tiergarten und Charlottenburg.
- Auf der Strecke fährt man an folgenden bedeutenden Bahnhöfen entlang: Jannowitzbrücke – Alexanderplatz – Hackescher Markt – Friedrichstraße – Hauptbahnhof – Bellevue – Tiergarten – Zoologischer Garten – Savignyplatz.
- Seit den 1980er Jahren haben sich zahlreiche Geschäfte aus verschiedenen Bereichen in den Gewölben niedergelassen: Gastronomie, Einzelhandel, Kunstgalerien und Dienstleistungsbetriebe.

Jedes Jahr gibt es mindestens ein Jazzfestival: Jazzfest Berlin im November.

Im Oktober findet das Berliner Fest Jazz in den Ministergärten statt und am 21. Juni die populäre Veranstaltung Fête de la Musique.

- Die Architektur der S-Bahn-Bögen gibt der Bahn und ihrer Umgebung einen ganz besonderen Charme, und die hochwertige Gestaltung der Räume wertet die Stadtteile auf.

In den S-Bahn-Bögen findet man hier und da auch einige Shops mit Büchern. Weitere gute Buchläden in Berlin sind:

- Motto Berlin: Skalitzer Straße 68, 10997 Berlin
- Buchhandlung Montag: Pappelallee 25, 10437 Berlin
- Buchkantine: Dortmunder Straße 1, 10555 Berlin
- Gestalten Pavilion: Bikini Berlin, Budapester Straße 38-50, 10787 Berlin
- Gestalten Space: Sophienstraße 21, 10178 Berlin
- Neurotitan Shop & Gallery: Rosenthaler Straße 39, 10178 Berlin
- Buchhandlung Walther König: Burgstraße 27, 10178 Berlin

In meinen Lieblingsbögen befinden sich das Jazzcafé Hangar 49 Nähe Jannowitzbrücke (auf der vorherigen Seite abgebildet) und die Buchhandlung Bücherbogen am Savignyplatz.

Jazz

Der Jazz ist in Berlin gut vertreten. Es gibt viele tolle Cafés, in denen regelmäßig Abende mit Livemusik organisiert werden – darunter oft einzigartige Jamsessions und Konzerte. Ein paar Beispiele findest du in der Liste unten. Es lohnt sich auch ein Blick auf die Homepage der verschiedenen Lokalitäten.

Berlin-Mitte

Auf der folgenden Doppelseite sieht man auf der Karte, wie Berlin um 1688 aussah. Das historische Berlin wird heute durch den Bezirk Mitte umfasst, inklusive der Ländereien, die auf der Karte noch unbebaut sind. Was Atmosphäre und Lifestyle angeht, ist Mitte nicht unbedingt mein Lieblingsviertel, weil es eher unpersönlich wirkt. Man begegnet in der Regel nur wenigen gebürtigen Berlinern, dafür zahlreichen Besuchergruppen, die mit dem Bus, Schiff, Segway oder einer Fahrradrikscha unterwegs sind. Alles ist auf Touristen und Schicki-Micki-Leute ausgerichtet. Trotzdem ist es jedes Mal wieder ein besonderes Gefühl für mich, durch die interessante Geschichte, die der Bezirk erzählt, durchradeln zu können.

History Check

- Nach dem Dreißigjährigen Krieg (1618–48) begann Kurfürst Friedrich Wilhelm mit der Stadtplanung. In dem neuen Bezirk Dorotheenstadt wurde nach holländischem Vorbild

eine Allee angelegt – mit jeweils 1000 Nuss- und Lindenbäumen. Dies ist auch heute noch die bekannteste Straße Berlins: Unter den Linden.

- Die Friedrichstraße, eine Querstraße von Unter den Linden, spielte durch die Jahrhunderte hinweg eine Hauptrolle bei mehreren historischen Ereignissen. So fanden hier bei der Märzrevolution von 1848 Barrikadenkämpfe statt, später wurde die Friedrichstraße durch die Berliner Mauer geteilt. Am Bahnhof Friedrichstraße trafen sich die Verkehrsnetze der DDR und von West-Berlin. Dieser Grenzübergang wurde zur Bühne dramatischer Abschiedsszenen zwischen Ost- und West-Deutschen. Die damalige Wartehalle erhielt daher den Spitznamen Tränenpalast. Ihm ist nun eine Dauerausstellung gewidmet.

An diesen Orten lernt man wieder zu schätzen, wie frei wir heute doch eigentlich sind und wie viele Möglichkeiten uns offenstehen.
Bei diesem Thema fühle ich mich

Nicht nur vom Fernsehturm aus, sondern auch vom Funkturm, vom Reichstag, von der Siegessäule und vom Panoramapunkt am Potsdamer Platz genießt man einen schönen Ausblick über die Stadt.

Aber auch von verschiedenen Rooftop-Bars wie Deck 5, Klunkerkranich, House of Weekend und der Monkey Bar kannst du einen tollen Blick über die Dächer der Stadt werfen.

immer ein bisschen außen vor, weil ich merke, dass die (ost-)deutsche Geschichte sowohl Schmerz als auch Nostalgie hervorruft.

Heute ist die 3,3 Kilometer lange Friedrichstraße ein mondäner Boulevard mit Mode- und Kaufhäusern von Weltgröße.
Mein Lieblingsgeschäft in dieser Straße ist der Buchladen Dussmann, der mit vier Etagen gut sortierter Bücher eine Oase der Ruhe in dem Chaos der Stadt bildet.

Grundriß der Beyden Churf: Residentz Stätte Berlin und Cölln an der Spree.
A. Berlin
B. Cölln
C. Der Friedrichswerder
D. Neu Cölln
E. Die Dorotheenstadt
F. Berliner Vorstädte
die Spree
die Spree
A
B
C
D
E
F
F
Die Churfürstliche Residenzstadt im Jahre 1688.
J. M. de Waard.

Glühwein
Holz kunst
Lebkuchen
KERZEN
Weihnachts Zauber
GENDARMENMARKT

Weihnachtsmarkt - Gendarmenmarkt

Den meisten Leuten, die im Herbst nach Berlin ziehen, fällt es nicht leicht, durch den Winter zu kommen. Zu dieser Jahreszeit erscheint die Stadt äußerlich recht unfreundlich. Das Leben spielt sich drinnen ab. Da gibt es nur zwei Strategien für den frischgebackenen Berliner: mit Tee und Kuchen in Berlins zahlreichen Cafés einen üppigen Winterspeck anlegen, oder Augen zu und durchfeiern, bis der Frühling kommt.
Eine tolle Ausnahme in dieser dunklen und kargen Zeit bilden die Weihnachtsmärkte – sie strahlen eine Menge Wärme und Gemütlichkeit aus. In Berlin gibt es ganz unterschiedliche, so ist für jeden etwas dabei.

Der Lucia Weihnachtsmarkt in der Kulturbrauerei ist den nordisch-skandinavischen Ländern gewidmet. Dadurch erhält der kleine, aber feine Markt ein besonderes Flair.

Am Schloss Charlottenburg gibt es einen gigantischen Honigstand, der auf jeden Fall einen Besuch wert ist.

Den Weihnachtsmarkt am Gendarmenmarkt (vorherige Doppelseite) finde ich sehr gemütlich. Hier werden den Besuchern – vor der Kulisse der schönen Gebäude am Gendarmenmarkt – originelle Kunstwerke und Livemusik geboten.

Lieblingssnack: Maronen!

Schlittschuhlaufen am Alex:
Die Eislaufbahn wird am Rande des Roten Rathauses aufgebaut. Meiner Meinung nach ist der Weihnachtsmarkt auf dieser Seite des Bahnhofs um einiges schöner als auf der Seite der Weltzeituhr - allerdings ebenso sehr auf Tourismus ausgerichtet.

Am Moritzplatz gibt es einen „alternativen“ Weihnachtsmarkt: perfekt für ein bisschen Abwechslung! Hier kann man sich - statt mit traditionellem Glühwein - mit einem jamaikanischen Punsch aufwärmen ...

Check den Weihnachtsmarktfahrplan auf www.anamea.de.

Hackescher Markt

Der Hackesche Markt hat ein sehr einzigartiges Bahnhofsgebäude, welches mir – wenn ich dort vorbeilaufe – jedes Mal das Gefühl gibt, eine Zeitreise ins 19. Jahrhundert zu machen.

Auf dem Marktplatz vor dem Bahnhof ist immer viel los. Besonders am Donnerstag, wenn Markttag ist, tummeln sich dort viele Touristen.

In den Hackeschen Höfen kann man die schönen Jugendstilfassaden bewundern. Hier befinden sich viele kleine Geschäfte und Büros.

Ich gehe gerne ins Hackesche Höfe Kino, weil dort die Filme in ihrer Originalsprache gezeigt werden. Ansonsten schaue ich immer gern in der Galerie Lumas nach, ob es neue Werke des Künstlers Olaf Hajek gibt.

Zum Ausgehen bietet der Hackesche Markt viele Möglichkeiten. Meine Empfehlungen sind: Strandbad-Mitte und Clärchens Ballhaus oder die Strandbar Mitte zwischen dem Monbijoupark und der Spree – zwar touristisch, aber trotzdem schön. Hier kann man die Nacht zum Tag machen.

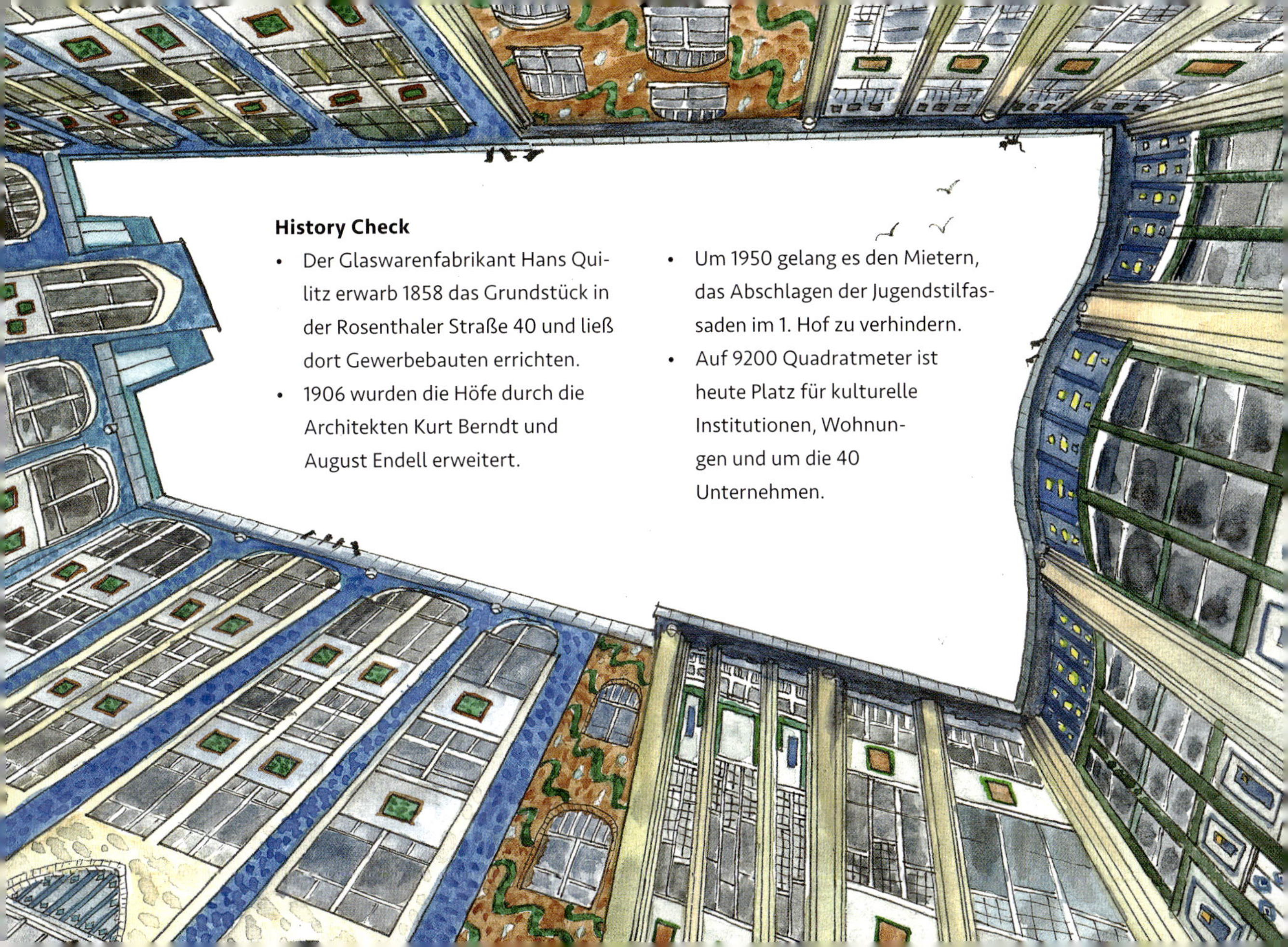

History Check

- Der Glaswarenfabrikant Hans Quilitz erwarb 1858 das Grundstück in der Rosenthaler Straße 40 und ließ dort Gewerbebauten errichten.
- 1906 wurden die Höfe durch die Architekten Kurt Berndt und August Endell erweitert.
- Um 1950 gelang es den Mietern, das Abschlagen der Jugendstilfassaden im 1. Hof zu verhindern.
- Auf 9200 Quadratmeter ist heute Platz für kulturelle Institutionen, Wohnungen und um die 40 Unternehmen.

Wo… Was…

Anna Durkes: … Strawberry Cheesecake
Bab al Hara: … Orientalisches Eis
Berlin Homemade Icecream: Schwarze Sesam
Cuore di Vetro: … Affogato!
Die Eismacher: … Sweet Hummus
Eisbox: … Limone ~ Rosmarin
Eismanufaktur Berlin: … Matchatee
Fräulein Frost: … Guzini
Gelateria Mos Eisley: … vegane Fruchtsorbet
Giorgio Lombardi: … Bacio di Dama
Jones Ice Cream: … Mojito
Marcon Ice: … Dark Chocolate!
Monheim: … Gutes Eis seit 1928
Paletas: … Mango ~ Kokos
Rosa Canina: … Vanille ~ Kürbisöl
Tanne B.: … Rose & Pfeffer
Vanille & Marille: … Marille ~ Pinienkerne
Woop Woop Ice Cream: … Chocolate Brownie

Check the Seasonals!

Museumsinsel & Co

- Berlin hat insgesamt über 175 Museen – das ist für mich manchmal eine etwas überfordernde Zahl.
- Die Museumsinsel ist eines der wichtigsten Museumskomplexe weltweit. Seit 1999 gehört sie zum Weltkulturerbe.
- Die Museen auf der Museumsinsel sind vor allem auf die Archäologie und die Kunst des 19. Jahrhunderts ausgerichtet.
- Am liebsten besuche ich das Pergamonmuseum.

Princess Cheesecake: *Käsekuchen in all seinen schönen Formen und Geschmackskombinationen.*

Confiserie Orientale: *jede Menge köstliche Leckereien – erzähl nur lieber deinem Zahnarzt nicht, dass du hier warst …*

Rausch Schokoladenhaus: *die feinste Schokolade!*

Dudu: *asiatische Fusionsküche, bietet Gaumenfreude in einer kuscheligen Atmosphäre. Die Tees sind sehr empfehlenswert.*

Katz Orange: *Durch den persönlichen Service und die häusliche Einrichtung fühlt man sich hier schnell wohl. Super Küche und tolle Patisserie!*

Volta: *leckere, kreative Gerichte, gutes Bier von einer Weddinger Brauerei, nettes Personal, cooles Ambiente – hier stimmt einfach alles.*

Vino & Basilico: *Die Aromen von Basilikum, Wein und Olivenöl aus Ligurien bringen die italienische Sonne auch in Berlin auf den Teller! Ich finde vor allem die frischen Fischgerichte sehr empfehlenswert.*

Es lohnt sich, an einer Führung durch die Museumslandschaft teilzunehmen. Eine persönliche Geschichte kann immer noch etwas hinzufügen oder einen anderen Blickwinkel aufzeigen.
Vor allem in der Gedenkstätte Berlin-Hohenschönhausen und in den Berliner Unterwelten sprechen die Museumsführer aus eigener Erfahrung.

Zu meinen kulturellen Highlights gehören außerdem:

Bauhaus-Archiv / Museum für Gestaltung
Berliner U-Bahn-Museum
Berliner Unterwelten e. V.
Botanischer Garten
Bröhan-Museum
Gedenkstätte Berlin-Hohenschönhausen
Gipsformerei
Hamburger Bahnhof – Museum für Gegenwart
Helmut Newton Stiftung
Museum für Fotografie
Museum für Naturkunde
Puppentheater-Museum
Schloss Britz

MENU

Achtu
freirolle
Kinderwa
Vorsicht
Bissige
mütter

Prenzlauer Berg

History Check

- Der Ortsteil Prenzlauer Berg, im Berliner Bezirk Pankow gelegen, gehörte zum ehemaligen Ost-Berlin. In der DDR-Zeit sind die Wohngebiete in diesem Viertel stark vernachlässigt worden – hier bildete sich das alternative Flair aus Studenten, Künstlern und Selbstständigen.
- Da der Prenzlauer Berg im Zweiten Weltkrieg relativ wenig beschädigt wurde, sind heute noch über 80 Prozent der Wohnungen, die vor 1948 entstanden sind, erhalten. Das älteste Gebäude wurde 1848 gebaut und steht in der Kastanienallee 77.
- Nach 1989 profitierte der Bezirk von seinem alternativen Image und zog viele neue Läden und Trends an.
- Heute gibt es im Prenzlauer Berg 15 Kieze, jeder mit einem ganz eigenen Charakter.

Die wilden Schwäne und ***Spielzeugland Ratzekatz***:
Hier gibt es tolles Spielzeug.

Über die Jahre sind immer mehr Yuppies in den Prenzlauer Berg gezogen und haben ihre Vorliebe für biologische Lebensmittel und das Verweigern von Masernimpfungen gleich mitgebracht. Durch diese Entwicklung hat sich der Bezirk stark verändert: Wenn man keinen laktosefreien entkoffeinierten Latte macchiato bestellt, während das Baby draußen in der Kälte – an der

spreegold®
MEINE EMPFEHLUNG:
× popey's best
× Loiretalsalat
× surf & turf Burger
× paleo power omelet
× Dark 'n Stormy
× the Shot
→ check spreegold.com
KAFFEE TO STAY
Eispatisserie
HOKEY POKEY
MY FAVORITS:
Rocky Road + Indische Mango + Walnuss
Stargarder Straße 72
Nr. 10 ONKEL HO
Lecker Asiatisch
MAMAY Nr. 61
Tip: 1x alle TEESORTEN probieren
2nd Hand shop ReSales
Die Wilde Schwäne
SPIELZEUGLADEN
Nr. 63
MAUERPARK
That Direction please
U2

frischen Luft – steht, gehört man nicht dazu!
Es gibt in diesem Viertel viele schöne Straßen und Cafés, trendige Läden und ausgefallenes Streetwear-Design zu besichtigen. Die Kastanienallee, eine beliebte Szenemeile, ist die Hauptader des Bezirks.

Schöne Orte im Prenzlauer Berg:

Mauerpark: *Wo sonst kann man bei bester Stimmung so gut relaxen? Am Sonntag findet hier der bekannte Flohmarkt und das Karaokesingen statt.*

Prater Garten Berlin: *In dem Biergarten gibt es gutes Bier und deutsches Essen. Toll sind vor allem die Live-Übertragungen während der Fußball-EM und -WM.*

Deck 5: *Auf der Dachterrasse der Schönhauser Allee Arcaden fällt es einem leicht, es sich gutgehen zu lassen.*

Suicide Sue: *mein Favorit, wenn es ums Frühstücken geht.*

Spreegold: *vielseitige, originelle Speisekarte und tolle Innenarchitektur.*

Omoni: *mein liebstes Sushi-Restaurant. Ich sitze immer gerne an der Bar, damit ich den Köchen beim Zubereiten zuschauen kann.*

Onkel Ho: *perfekt für den Sommertag!*

Mamay: *leckere Suppen und authentisch gewürzte Gerichte.*

Umami P'Berg: *kreative und traditionelle Küche von der „Asian Mami". Absolut empfehlenswert!*

Osmans Töchter: *Die Abendkarte bringt die moderne Küche Istanbuls mit all ihrem Lebensgefühl und ihrer Kulturvielfalt nach Berlin.*

Teigwaren: *Hier gibt es immer kreativ gefüllte Ravioli. Wenn ich Lust auf Pasta habe, komme ich auf jeden Fall hierher.*

Hokey Pokey: *fantastische Eispatisserie. Einmal alles, in einem Hörnchen, bitte!*

Mon Plaisir: *Schokolade ohne Ende!*

Duncker: *ein Klassiker unter den Berliner Clubs, befindet sich in der Dunckerstraße.*

Die Kulturbrauerei

History Check

- 1842 gründete der Apotheker August Heinrich Prell eine kleine Brauerei in Kreuzberg. Obwohl Berlin zu der Zeit schon 35 weitere Brauereien zählte, hatte er großen Erfolg. Da er nun mehr Lagerkapazität benötigte, richtete er neue Keller in der Schönhauser Allee 39 ein.
- 1853 wurde der Betrieb von Jobst Schultheiss übernommen. Er sollte Berlins bekanntester Bierbrauer werden.
- Der Schultheiss-Erfolg beruhte größtenteils auf der Zusammenarbeit mit dem Deutsch-Holländischen Actien-Bauverein und der nahen Verbindung zur Ringbahn, wodurch günstige Materiallieferungen garantiert waren.
- 1937 wurde die Brauerei zum „Nationalsozialistischen Musterbetrieb" ernannt und danach als Wehrwirtschaftsbetrieb geführt. Unter der russischen Besatzungsmacht wurde sie bis zur Umwandlung in den volkseigenen Betrieb VEB Schultheiss-Brauerei Schönhauser Allee zur sowjetischen Aktiengesellschaft.
- 1967 wurde der Brauereibetrieb endgültig eingestellt.

Tipp für die Mädels:
Hier findet ihr die beste
öffentliche Toilette der Stadt!

Heute werden in der Kulturbrauerei verschiedene kulturelle Veranstaltungen in den Bereichen Musik, Theater, Film und Streetfood organisiert, darunter Konzerte wie das Klassik Open Air, und – nicht zu vergessen – der nostalgische Weihnachtsmarkt.
Außerdem gibt es auf dem Gelände mehrere Läden, Unternehmen und sogar ein Museum.

LOVE
1€
3€
1.50
VINTA
I #berlin
ICH KOMM' AUS MUSCHI, DU KREUZ BERG
MAUERPARK MARKT
O-Saft Granatapfel ananas
fresh juice

BIERGARTEN

Käthe Kollwitz

Als ich 2008 zusammen mit meiner Oma einen Tag in Köln verbracht habe, brachte sie mich zum ersten Mal mit dem Werk und der Lebensgeschichte der beeindruckenden Künstlerin Käthe Kollwitz in Kontakt. Seither bin ich von ihrer eindringlichen Kunst begeistert.

Ihre lebensgroße Plastik „Pietà", Mutter mit totem Sohn, die sich in der Neuen Wache in Berlin befindet, ist atemberaubend.

History Check

- Käthe Kollwitz wurde am 8. Juli 1867 in Königsberg als Tochter eines Maurermeisters geboren. Mit 14 Jahren besuchte sie ihren ersten Zeichenkurs. 1885 begann sie ihr Kunststudium in Berlin, welches sie später in München fortsetzte.
- Käthe Kollwitz ließ sich vom „echten" Leben inspirieren und schuf viele Werke, in denen unterschiedlichste Arbeiterklassen zu sehen sind. Anfangs wurde ihre Kunst von der Armut um sie herum geprägt, später vom Krieg.
- Im Jahr 1914 verlor sie ihren Sohn, der im Ersten Weltkrieg bei Dixmuiden fiel. Dieses Erlebnis prägte sie sehr und ließ sie besonders ergreifende Kunstwerke erschaffen.
- Ihre ehrliche Wiedergabe der Wirklichkeit sorgte dafür, dass sie vor allem bei links-orientierten Menschen populär war. Zwar wurde sie vielerorts gelobt und für Ausstellungen angefragt, aber die höheren sozialen Schichten waren meist weniger begeistert von ihrer Kunst.
- 1919 wurde sie als erste Frau in die Preußische Akademie der Künste aufgenommen

und erhielt gleichzeitig den Professorentitel. 1933 zwang man sie, aus der Akademie wieder auszutreten.

- Nachdem ihr Mann 1940 gestorben war, verlor sie zwei Jahre später in Russland auch ihren Enkelsohn.
- Im November 1943 wurde ihre Wohnung, in der sie seit 1891 lebte, ausgebombt. Dabei gingen viele ihrer Werke verloren.
- Zunächst konnte sie bei einer befreundeten Künstlerin unterkommen, bis sie im Juli 1944 nach Moritzburg zog, wo sie am 22. April 1945 starb.

> *Viele besondere Werke sind in dem Käthe-Kollwitz-Museum in der Fasenenstraße 24, 10719 Berlin zu besichtigen: täglich 11–18 Uhr geöffnet, jeden letzten Sonntag im Monat gibt es um 15 Uhr eine öffentliche Führung.*

Im Prenzlauer Berg sind eine Straße und ein Platz nach ihr benannt worden – an dem Ort, wo sich früher ihre bescheidene Wohnung befand.

Der Kontrast zu ihrem harten Leben könnte heute kaum größer sein – Reichtum und Luxus dominieren das gegenwärtige Straßenbild: gemütliche Cafés, kleine Läden mit hübschen, aber dennoch überflüssigen Gegenständen oder teurer Kleidung, Bio-Supermärkte und Kinderwagen im Wert eines guten Gebrauchtwagens.

N
NW
NO
W
O
SW
SO
S
25
213
17
Pfaueninsel 3km

Wannsee

Der inselartige Berliner Ortsteil Wannsee wird umringt von vielen schönen Seen. Wenn ich vom Wannsee rede, meine ich allerdings nicht den Ortsteil, sondern den Großen Wannsee: eine 2,53 Kilometer lange Bucht der Havel.

Der Wannsee ist außerdem ein beliebtes Ausflugsziel von Schiffsreisenden: Es gibt Touren auf dem See und entlang der Havel oder des Griebnitzkanals nach Potsdam, Werder und Tegel. Dabei sind zwei begehbare Inseln sehr zu empfehlen: Schwanenwerder und die Pfaueninsel.

Das öffentliche Strandbad Wannsee, mit einem wunderschönen alten Eingang, liegt am nördlichen Abschnitt des Ostufers und damit im Ortsteil Nikolassee.

Histoy Check

- Das Bad wurde schon 1929/30 für die Arbeiter der naheliegenden Stadtteile angelegt und gehört heute zu den größten Freibädern im Inland Europas.
- 1951 sang die Schlagersängerin Cornelia Froboess: „Pack die Badehose ein, nimm dein kleines Schwesterlein und dann nischt wie raus nach Wannsee."
- Der Wannsee gewann zwischen 1961 und 1989 für die Bewohner West-Berlins an Bedeutung, da es in dieser Zeit das einzige mit eingemauerte Naturgebiet war. Bis zum Fall der Mauer galt der Wannsee als angesehenster Ort für die Freizeitbeschäftigung der West-Berliner.
- Auch heute noch erfreut sich das Strandbad großer Beliebtheit, und in der Sommersaison kommen sogar bis zu 10 000 Besucher am Tag.

- Eine historische Begebenheit hat den Wannsee weltberühmt gemacht: die Wannseekonferenz.
- In einer Villa am Wannsee fand am 20. Januar 1942 unter Leitung einiger hochrangiger Vertreter der nationalsozialistischen Reichsregierung eine geheime Besprechung statt. Ziel war es, die „Endlösung der Judenfrage“ zu klären.
- Das Konferenzgebäude wurde später zur Gedenkstätte umgebaut. Seit 2006 kann man hier eine interessante Dauerausstellung über den Anfang des Holocaust besichtigen.

Andere schöne Seen in Berlin:
Teufelssee, Großer Müggelsee,
Schlachtensee, Lietzensee,
Krumme Lanke und Neuer See.

Schrebergärten

Als ich klein war, hatte meine Mutter einen Schrebergarten. Ich erinnere mich noch, wie toll ich es fand, draußen zwischen den selbstangebauten Blumen und Gemüsepflanzen zu spielen. Die Stimmung in dem Kleingartenverein war unglaublich gemütlich. Es machte auch sehr viel Spaß, zu sehen, wie andere ihre Gärten gestalteten. Jeder hatte seine eigenen Tricks, um die Pflanzen erfolgreich zu ziehen. In jeder Erntesaison gab es außerdem einen lebendigen Tauschhandel, sodass man ganzjährig ein vielseitiges Angebot an frischem Gemüse hatte.

Damals interessierte ich mich kaum für den Garten, sondern viel mehr für meine selbstgebaute Hütte, in der ich zusammen mit einem Nachbarsmädchen „Tee" kochte. Mittlerweile erkenne ich jedoch auch andere Vorteile eines Schrebergartens für Stadtbewohner.

- Viele Mitglieder der Kleingartenkolonien versuchen, Natur und Umwelt zu schützen. 97 Prozent der Gärtner nutzen Regenwasser für die Bewässerung, 96 Prozent kompostieren, und viele wählen Bioanbau und meiden Kunstmist.
- In Berlin gibt es rund 68 000 Kleingärten – diese kleinen Oasen sind quer über die Stadt verteilt.
- Anfang des 19. Jahrhunderts wurde mit dem Anbau von Armengärten auf Initiative von Landesherren, Fabrikeigentümern, Stadtverwaltern und Wohlfahrtorganisationen begonnen. Ziel war es, die Armut – verursacht durch den

sprunghaften Bevölkerungszuwachs – durch die Möglichkeit der Selbstversorgung zu bekämpfen.

- Nach den Zerstörungen im Zweiten Weltkrieg wurden die Gartenlauben teilweise sogar als Wohnungen genutzt und meist ohne Genehmigung ausgebaut. Aufgrund der großen Not in der Nachkriegszeit tolerierten die Behörden dies und gestanden den Bewohner lebenslanges Wohnrecht zu, sodass man heute noch kleine alte Häuschen in den alten Schrebergärten finden kann.

Neben diesen Kleingartenkolonien gibt es auch ein paar Initiativen für öffentliche Stadtgärten. Ein paar davon findet man unter: prinzessinnengarten.net, etagen-erika.de, infarm.de, allmende-kontor.de, klunkerkranich.de und himmelbeet.de.

Open Air
: Berlin Summer Open Air + Open Airs Berlin
www: theclubmap.com /open-airs-berlin/